I0101632

LA
POLITIQUE FRANÇAISE

CONTEMPORAINE

JUGÉE

PAR LES ÉTUDIANTS AMÉRICAINS

RAPPORT

SUR LE FONCTIONNEMENT DES PRIX ANNUELS

FONDÉS PAR M. LE BARON PIERRE DE COUBERTIN

DANS LES UNIVERSITÉS AMÉRICAINES

DE

*Harvard, Princeton, Johns Hopkins, Tulane, Palo Alto
et Californie*

par

LE PROFESSEUR ALCÉE FORTIER
de l'Université Tulane de la Louisiane
Officier de l'Instruction Publique

LA NOUVELLE-ORLÉANS
1902

157,

LA
POLITIQUE FRANÇAISE

CONTEMPORAINE

JUGÉE

PAR LES ÉTUDIANTS AMÉRICAINS

RAPPORT
SUR LE FONCTIONNEMENT DES PRIX ANNUELS
FONDÉS PAR M. LE BARON PIERRE DE COUBERTIN
DANS LES UNIVERSITÉS AMÉRICAINES
DE
Harvard, Princeton, Johns Hopkins, Tulane, Palo Alto
et Californie

par

LE PROFESSEUR ALCÉE FORTIER
de l'Université Tulane de la Louisiane
Officier de l'Instruction Publique

LA NOUVELLE-ORLÉANS
1902

LA
POLITIQUE FRANÇAISE
CONTEMPORAINE
JUGÉE
PAR LES ÉTUDIANTS AMÉRICAINS

RAPPORT

SUR LE FONCTIONNEMENT DES PRIX ANNUELS
FONDÉS PAR M. LE BARON PIERRE DE COUBERTIN
DANS LES UNIVERSITÉS AMÉRICAINES
DE
Harvard, Princeton, Johns Hopkins, Tulane, Palo Alto
et Californie

par

LE PROFESSEUR ALCÉE FORTIER
de l'Université Tulane de la Louisiane
Officier de l'Instruction Publique

LA NOUVELLE-ORLÉANS

1902

Œuvres du Professeur Alcée Fortier

Le Château de Chambord. 1884.

Gabriel d'Emmerich (nouvelle historique), 1884.

Sept grands auteurs du XIX⁰ siècle. 1889.

Bits of Louisiana Folk-Lore. 1889.

Histoire de la Littérature Française. 1893.

Louisiana Studies. 1894.

Louisiana Folk-Tales. 1894.

Voyage en Europe. 1895.

Précis de l'Histoire de France. 1899.

History of Louisiana (en préparation).

Œuvres de Pierre de Coubertin

L'Éducation en Angleterre. Hachette. 1888.

L'Éducation anglaise en France. Hachette. 1889.

Universités Transatlantiques. — 1890.

Souvenirs d'Amérique et de Grèce. — 1897.

Notes sur l'Éducation publique. — 1901.

L'Évolution Française sous la 3ᵉ République. Plon. 1896. (Traduit en anglais, Crowell et Cⁱᵉ, New-York).

France since 1814. Chapman et Hall, Londres. 1900. Macmillan et Cⁱᵉ, New-York.

L'Avenir de l'Europe, brochure, 1901. — Bureaux de l'Indépendance Belge, Bruxelles.

LA
POLITIQUE FRANÇAISE CONTEMPORAINE

JUGÉE

PAR LES ÉTUDIANTS AMÉRICAINS

Des rapports amicaux n'ont cessé d'exister entre la France et les États-Unis depuis l'époque de la Révolution Américaine, alors que La Fayette offrait aux Américains le concours de son épée chevaleresque et que Washington et Rochambeau forçaient ensemble Cornwallis à capituler dans Yorktown. Jamais pourtant il n'a été plus opportun que de nos jours, de travailler à fortifier les liens sympathiques qui unissent les deux peuples et le meilleur moyen d'y parvenir, c'est assurément d'amener les habitants des deux pays à connaître et à apprécier réciproquement les institutions sous lesquelles ils se développent. Telle a été la pensée de M. le Baron Pierre de Coubertin lorsqu'il entreprit les fondations dont nous avons à rendre compte aujourd'hui.

M. de Coubertin n'est pas seulement le champion de l'Éducation physique, le rénovateur des Jeux Olympiques, l'historien dont les travaux sont si appréciés dans les pays Anglo-Saxons; il a été, de plus, l'un des promoteurs du rapprochement universitaire Franco-Américain; ses voyages outre-mer, dont le premier remonte à 1889, et les études qu'il en a rapportées, ont grandement contribué à cet heureux résultat. Les prix créés par lui sont actuellement au nombre de cinq: la *French Medal*, les deux médailles Carnot, la médaille Tocqueville et la médaille Pasteur. Ces médailles, de grandes dimensions, portent d'un côté l'effigie artistique de la République Française, de l'autre des gerbes fleuries avec des inscriptions appropriées à leurs destinations respectives. La *French Medal* offerte aux membres de l'*American Whig Society*, de l'Université de

Princeton, dont M. de Coubertin fait partie, se dispute entre les membres de cette Société ; l'une des médailles Carnot est attribuée aux étudiants de l'Université de la Louisiane ; la seconde est le prix d'un concours entre les étudiants des deux Universités Californiennes (Palo-Alto et Berkeley); la médaille Tocqueville est donnée à l'auteur du meilleur essai sur un sujet emprunté à l'histoire politique ou sociale de la France depuis 1815 ou à l'analyse de quelque important ouvrage historique paru en France depuis 1890 ; l'auteur doit appartenir à l'Université Johns Hopkins (Baltimore) ; enfin la médaille Pasteur se dispute entre étudiants de la célèbre Université Harvard (près Boston). A l'exception de la médaille Tocqueville, ces prix sont disputés dans des débats oraux qui doivent rouler sur quelque sujet emprunté à la politique Française contemporaine. Ce sont ces débats sur lesquels nous avons réuni ici des données intéressantes et quelques renseignements qui nous ont paru dignes d'être notés.

M. le professeur de Sumichrast a eu la bonté de nous rendre compte du débat qui a eu lieu en 1899 à Harvard pour la médaille Pasteur. La motion était : *Que le système actuel de Gouvernement Républicain en France convient mieux au peuple Français que celui du Second Empire.* Les Sophomores ou étudiants de deuxième année qui parlèrent en faveur de la République firent voter la motion ; mais ce prix fut attribué à M. R.-C. Bruce, un *Freshman* (étudiant de première année) qui soutint la négative.

M. le professeur Edwin S. Lewis a bien voulu nous transmettre une liste de sujets discutés à l'Université de Princeton, pour la *French Medal.* Ce sont les suivants : 16 décembre 1895. « *Que le système Congressionnel Américain serait mieux adapté aux conditions politiques de la France moderne que le système parlementaire* » (adopté); vainqueur: M. Loetscher (classe de 1896). — 17 mars 1897. « *Que la France peut indépendamment de toute autre nation, travailler à réduire son armée et sa marine au pied de paix* » (adopté); vainqueur : M. Sterling (classe 1897) qui soutenait la négative. — 18 janvier 1898. « *Que la politique Française d'expansion territoriale par la colonisation est une erreur au point de vue des intérêts*

Français » (adopté) ; vainqueur M. Joum (classe de 1898) qui soutenait la négative. — 18 janvier 1899. « *Que la France devrait renoncer à ses possessions coloniales en Asie et abandonner tout plan d'agrandissement territorial sur ce continent* (adopté) ; vainqueur : M. Weston (classe de 1899). Négative.

Les renseignements dûs à l'amabilité de M. le Président D. S. Jordan, de l'Université de Palo-Alto (Californie) nous permettent d'entrer dans plus de détails en ce qui concerne les débats qui ont eu lieu entre les étudiants de cette Université et ceux de l'Université voisine pour l'obtention de la médaille Carnot. — 19 avril 1898 : « *Que Casimir Périer a eu raison en donnant sa démission* » ; vainqueur : M. R. S. Sandwick (affirmative). — Arguments en faveur de la motion : 1° Chacun des prédécesseurs de Casimir Périer a démissionné hormis Carnot qui a péri de mort violente. — 2° C'est le Président qui nomme les ministres, mais le Parlement peut l'atteindre en renversant les ministres choisis par lui ; alors c'est l'anarchie et le chef de l'État sert mieux les intérêts de son pays, dans ces conditions, en se retirant. — 3° Casimir Périer croyait à l'existence d'une majorité décidée à le renverser ; on l'avait gravement insulté et on l'attaquait chaque jour avec violence. Aussi ce fut le patriotisme qui dicta sa conduite. Il avait, au cours d'une carrière honorable, fait preuve de courage, de fermeté et de bon sens et il préserva son pays, en démissionnant, d'un péril sérieux et redoutable. — Arguments pour la négative : 1 Aucune majorité hostile n'a forcé le Président à se retirer. Il avait été élu peu auparavant à une assez forte majorité et n'a nullement cherché à se rendre compte de l'esprit de la Chambre des Députés en choisissant un nouveau cabinet lorsque le premier fut renversé. Une crise ministérielle est chose fréquente en France à cause de l'émiettement des partis dans le Parlement et l'opposition, en somme, est la sauvegarde de la liberté. — 2° La démission des prédécesseurs de Casimir Périer eut lieu dans des circonstances très différentes. Le second terme de Jules Grévy est une preuve qu'un Président Français peut très bien remplir son mandat jusqu'au bout. — 3° La retraite de Casimir Périer pouvait nuire gravement au pays qu'il laissait sans chef alors qu'il n'y avait déjà plus de Ministres pour gouverner.

7 Février 1896 : « *La centralisation est-elle une cause de stabilité pour la République Française?* » Arguments pour l'affirmative : 1° Le tempérament du peuple Français rend la centralisation nécessaire ; la centralisation convient aux races latines chez lesquelles existe une tendance à l'anarchie qu'il faut pouvoir comprimer avec promptitude et vigueur. 2° La France est entourée de nations puissantes qui lui sont hostiles et le système de centralisation lui permet, le cas échéant, une action rapide et décisive. 3° Le fait que le régime actuel a duré plus longtemps qu'aucun des précédents peut aussi être invoqué comme une preuve que la centralisation n'a pas fait de tort à la République. — Arguments inverses : 1° La démission successive de presque tous les Présidents atteste que l'exécutif, en France, est trop faible. 2° Le pouvoir législatif par contre est trop fort : la justice elle-même est sous le contrôle du Parlement qui fait des lois de toutes sortes ; aucun parti n'est assez fort pour résister à la tyrannie ; le Parlement est composé de fractions mues par l'ambition personnelle ; tout cela provient de la centralisation.

Février 1897 : « *Le système Français d'éducation est-il mieux approprié aux besoins de la France que ne le serait le système Américain?* » Arguments pour l'affirmative : 1° Le système Français assure des avantages identiques à tous les jeunes Français d'un bout à l'autre du pays, tandis qu'aux États-Unis, les conditions sont très diverses d'un État à l'autre. 2° Le système pédagogique est, en France, en harmonie complète avec toutes les autres institutions nationales et un changement radical n'amènerait que du désordre et formerait des générations opposées à l'esprit Français. — Négati   : 1° Le système actuel a engendré dans toutes les écoles de France un manque absolu de discipline morale. 2° Il détruit chez les maîtres tout esprit d'initiative. 3° Le gouvernement local est le plus puissant facteur en éducation ; la centralisation pédagogique empêche la confiance en soi et diminue la fermeté du caractère national. Les concurrents étaient MM. S.-W. Charles, A.-B. Morgan et Mᵉˡˡᵉ Marguerite Wood pour Palo-Alto et MM. Fryer, Overstreet, A.-C. Marks pour Berkeley.

Février 1898 : « *D'après l'expérience acquise, il serait impolitique pour la France de développer davantage son empire colonial* ». Arguments pour l'affirmative : 1° La politique générale des puissances continentales, en fait de colonisation, a abouti à de mauvais résultats : échecs de l'Italie en Abyssinie, stagnation de l'Allemagne dans l'Afrique occidentale ; l'Espagne a été ruinée par ses colonies, les Indes même n'ont pas été de grand profit à l'Angleterre. 2° Les colonies Françaises qui n'ont pu vivre sous d'autres régimes, pourraient encore moins prospérer sous la République avec un ministère peu stable et une assemblée inconstante. Le Tonkin d'ailleurs est infesté de pirates ; en Algérie, les Arabes sont insoumis et Madagascar n'est qu'un coûteux protectorat. 3° Pour coloniser, il faut une surabondance de population et précisément la France a une natalité décroissante. 4° L'extension commerciale ne représente pas un gain car elle est à peine équivalente aux frais exigés pour le maintien des colonies. — Négative : 1° La politique coloniale est devenue un intérêt national et les colonies ne seront plus abandonnées, en cas de besoin, comme jadis. 2° Le système colonial augmente le commerce de la France avec le monde entier. 3° La faiblesse de la natalité, en France, est due au milieu ; l'exemple de la Louisiane, du Canada et de l'Algérie prouve, qu'au loin, la race Française est prolifique. 3° En Asie notamment, la France peut compter sur le concours immédiat de la Russie ; elles ont devant elles un ennemi commun, l'Angleterre. — Les concurrents étaient MM. A.-B. Morgan, Suzzalo et Mlle Anna Stounsky, d'une part ; de l'autre, MM. Fryer, A.-Y. Dannenbaum et G. Clark. Vainqueur, M. Fryer.

Février 1899 : « *Il est de l'intérêt de la France de s'allier étroitement avec l'Italie* ». Affirmative : La France a besoin d'avoir une alliée ; elle trouverait dans l'Italie une alliée efficace en Europe autant qu'en Afrique ; n'ayant plus qu'une frontière à défendre, elle pourrait diriger toute sa force contre l'Allemagne, le cas échéant. La similitude des races rendrait d'ailleurs une telle alliance aussi stable qu'effective. — Négative : 1° Un simple traité produirait les mêmes résultats économiques qu'une alliance. 2° Ce serait surtout l'Italie qui y gagnerait par

la protection navale de la France. 3° Cette alliance, destructive de l'équilibre européen, soulèverait surtout l'hostilité de l'Angleterre. 4° La situation encore appauvrie de l'Italie n'en fait pas une alliée recommandable. Prix décerné à M. Warner (Berkeley).

En 1900 et en 1901, les universités californiennes ont discuté les sujets suivants : « *Les ministres Français devraient-ils être responsables envers le Président seul ?* » — « *Les lois administratives Françaises sont-elles compatibles avec l'esprit d'une République démocratique ?* »

.·.

En Louisiane, plusieurs des mêmes sujets se trouvent avoir été débattus par les étudiants de l'Université Tulane. En voici un bref résumé :

18 juin 1895 : « *Le régime parlementaire offre-t-il, en France, plus de garanties de liberté et de progrès que le régime congressionel, aux États-Unis ?* » — « Il est naturel, dit M. W. E. Kittredge, l'un des concurrents, que révisé et complété en 1875, le gouvernement républicain Français soit supérieur à celui que les Américains ont établi cent ans auparavant. Cette supériorité se manifeste notamment dans la responsabilité ministérielle : les ministres sont membres du Parlement qui les voit constamment à l'œuvre et les juge. De plus, le Parlement a barre sur le Président et peut virtuellement le forcer à se retirer, en cas d'incapacité ou de malhonnêteté. Aux États-Unis, cela serait impossible. N'est-il pas frappant de voir la façon dont la République Française, grande comme le Texas, a supporté l'énorme poids de l'indemnité payée à l'Allemagne après la guerre de 1870 tandis que l'Amérique souffre encore des dépenses occasionnées par la guerre civile! » — « Le meilleur gouvernement, riposte M. Wirt Howe, est celui qui envisage le citoyen, l'individu, comme le facteur principal de la vie nationale et qui, reconnaissant le droit du citoyen à contrôler ceux qui le gouvernent, organise ce contrôle

de façon que le gouvernement représente vraiment la volonté du peuple. C'est ainsi que la liberté et l'unité sont le mieux garanties et le progrès assuré. Or, la République est, en France, un gouvernement bureaucratique plutôt qu'un gouvernement populaire. Les assemblées locales n'ont pas de pouvoirs; les municipalités sont en tutelle. Le Chef de l'État l'est aussi; il n'a point le droit de veto. Aux États-Unis, il n'en va pas ainsi; le Président est, en réalité, une troisième chambre; il est responsable envers le peuple; il forme la garantie et l'appui du peuple contre les erreurs et les fautes du Congrès.

Juin 1896 : « *La politique coloniale que suit la République Française sera-t-elle une source de puissance et de richesse ou bien une cause de faiblesse et d'appauvrissement?* — « M. Dixon. le vainqueur du débat. a exposé que la colonisation ne répand pas seulement la civilisation parmi les peuples sans culture mais qu'elle est le meilleur moyen de régénérer les forces vitales de la mère-patrie. L'Angleterre en est un exemple frappant et la perte de l'ascendant exercé par la France a coïncidé avec la perte de ses colonies. Pour avoir la puissante marine dont elle a besoin, il faut à la France un commerce étendu et ce commerce ne peut se faire sans débouchés. Les Colonies doivent procurer à la France des marins et lui servir à exercer et à discipliner ses soldats. La natalité y est d'ailleurs bien plus élevée que dans la mère-patrie. Quant aux dépenses, de sages règlements arriveront à les restreindre considérablement. Il est à remarquer que nul peuple n'a réussi comme les Français à établir de bons rapports avec les indigènes et si la France a perdu son premier empire colonial, c'est à ses mauvais gouvernants du XVIIIᵉ siècle qu'on doit en faire remonter la responsabilité.

Juin 1897 : « *Le système des deux Chambres convient-il mieux, en France, que celui de l'Assemblée unique?* » — Le vainqueur, M. Vickers, soutient l'affirmative : « Le but des deux chambres, dit-il, est d'empêcher la tyrannie d'une majorité absolue qui peut se former dans une seule assemblée. Les rouages des deux chambres s'entravent assez les uns les autres pour donner aux législateurs le temps de délibérer avec sagesse. Ainsi se produit la stabilité gouvernementale. Le fait a été connu dès l'antiquité. Les Français en ont eux-mêmes fait l'expérience; ils ont eu une chambre unique et sont revenus aux deux chambres. Chez eux, plus qu'ailleurs, la puissance parlementaire a besoin d'être ainsi tempérée et une bonne part de la prospérité atteinte par la Troisième République provient de ce que le système des deux chambres a été définitivement adopté ». — Pour M. Hayward, le meilleur système serait, au contraire, celui d'une assemblée unique dans laquelle il faudrait une majorité des trois cinquièmes ou des sept huitièmes pour faire passer un acte important. En réalité, le gouvernement britannique n'a qu'une chambre et sa force est immense.

Juin 1898 : « *La République Française a-t-elle les qualités essentielles d'un gouvernement permanent ?* » — Le vainqueur, M. W. B. Grant, insiste sur ce fait que la force d'un gouvernement dépend moins de ses qualités intrinsèques que du respect et de la confiance qu'il inspire à la nation ; or, les preuves de confiance données par le peuple Français à la République actuelle sont telles que jamais gouvernement, en France, n'en avait obtenues de pareilles.

Juin 1899 : « *L'alliance de la Russie est-elle la plus judicieuse que pût conclure la République Française ?* » — M. F. L. Kohlman estime que la question est exclusivement politique et non économique et qu'à ce point de vue, l'alliance a été déplorable pour la France qui a, par sa coopération financière, fondé le crédit de la Russie et a puissamment servi les intérêts Russes pendant les guerres Sino-Japonaise et Turco-Grecque tandis qu'elle n'a reçu en échange, aucun bénéfice. Le tsar a abandonné son alliée, au moment de Fachoda, et celle-ci a renié ses traditions et diminué son prestige en s'unissant à la Russie. C'est avec l'Italie qu'elle devait s'allier et non avec un pays avec lequel elle n'a ni communauté d'idées, ni liens sympathiques, ni similitude de race, de langue ou de nationalité ». — M. Monroe, moins sévère, admet que, comme contrepoids à la Triple-Alliance, le traité Franco-Russe ait été un acte utile pour la

France. Mais la Triple-Alliance est aujourd'hui affaiblie et il conseille à la France de reprendre sa liberté, d'autant que la « familiarité avec le despotisme » n'est bonne « qu'à entretenir les distinctions de castes et à encourager le militarisme ».

Sur cet important débat nous terminerons notre courte enquête. Si incomplète qu'elle soit, il s'en dégage l'impression que les étudiants Américains ont bien répondu à la pensée du fondateur de ces prix si recherchés. De tels débats qui ont lieu devant des auditoires, en général très nombreux et très attentifs, sont mieux faits que bien des conférences ou des lectures, pour attirer l'attention de la jeunesse universitaire des Etats-Unis vers la France contemporaine et pour raffermir entre les deux pays les liens d'une sympathie intelligente, d'une amitié éclairée.

AUXERRE-PARIS. — IMPRIMERIE A. LANIER

381

BIBLIOTHEQUE NATIONALE

AUXERRE-PARIS. — IMPRIMERIE A. LANIER

www.ingramcontent.com/pod-product-compliance
Lightning Source LLC
Chambersburg PA
CBHW071345290326
41933CB00040B/2456